AF275709

VIGILIA

VIGILIA

Juan José Pozo Prado

Valparaíso
EDICIONES

Número 441 de la Colección VALPARAÍSO DE POESÍA
dirigida por FEDERICO DÍAZ-GRANADOS

Diseño y maquetación: Chari Nogales
www.charinogales.com @chari_nogales
Imagen de portada: *Canchanas* (1985). José Miguel Pozo Torres
Ilustraciones interiores: José Miguel Pozo Torres

Primera edición: septiembre de 2024

© De los poemas: Juan José Pozo Prado
© Valparaíso Ediciones

C/ Fray Leopoldo, 7 Bajo 18014 Granada
www.valparaisoediciones.es

ISBN: 978-84-10073-76-0
Depósito Legal: GR 1247-2024

Impreso en España - *Printed in Spain*
Gráficas Gami

A Miguel, María Augusta, Esteban y Maryna.
Gracias a ustedes este libro existe.

All men are in some degree impressed by the face of the world; some men even to delight. This love of beauty is Taste. Others have the same love in such excess, that, not content with admiring, they seek to embody it in new forms. The creation of beauty is Art.

RALPH WALDO EMERSON

A Vicente Haya

Palo-Palo. Esmeraldas, abril de 1985.

MUERTE

Camino a oscuras.
Los ladridos de un perro.
La línea de árboles.

Por el sendero
nocturno, peregrinos:
luces en fila.

Luna de enero.
En un año que empieza,
noche y silencio.

Camino antiguo,
encima de las rocas,
brotes de musgo.

Almendro en flor.
En la mañana, doran
sus hojas blancas.

Trocha. Tarapoa, 1978.

La niebla oscura
sube por la montaña:
el sol la aclara.

Campo nublado.
Retumba en mi impermeable
el sirimiri.

Bajo la lluvia
seis mujeres y un perro
jugando fútbol.

El aguacero.
Bajo un arupo en flor
llueve despacio.

Flores de tilo
caídas. Cubre el moho
la pared blanca.

Antes de entrar
a casa, se sacude
la lluvia el perro.

Un haz de luz
enciende entre los robles
la telaraña.

Las montañas,
azules a lo lejos,
verdes de cerca.

a Juan Suárez

En el galpón
una vaca no come:
nos ve pasar.

Cuyabeno. Sucumbíos, noviembre de 1989.

El chancho viejo.
Las marcas de la soga
sobre su cuello.

Escucha el viento:
se ha llevado las hojas
que van por tierra.

Bodegón de exploración aurífera. 1985-1986.

A cielo abierto,
cavando surcos. La tumba
en el camino.

Las hojas secas
de paulonia: picándolas,
un mirlo calvo.

En el pico
de un gorrión, ¡la polilla
bate sus alas!

Sin caminar
está andando el ciempiés.
Debajo, hormigas.

Árboles negros
a un año del incendio
cantan gorriones.

Vista de cerca,
la oruga mastica hojas
de hierbabuena.

Cruzó el arroyo,
queda en la piedra su
huella de barro.

Entre las piedras,
el cadáver de un zorro.
Sus dientes blancos.

Las hojas secas.
Con el chorro de orina
se están trizando.

NACIMIENTO

Canchanas, junio de 1985.

Mientras amanece,
la escarcha sigue la sombra
de la colina.

a mi madre

Hojas de eneldo.
Gotas de rocío.

Canta un gorrión,
en los campos de escarcha
pastan las vacas.

Por la calzada
caen los saltamontes:
suena la grava.

Un abejorro
pasa volando. Flores
de manzanilla.

Cielo azul. En el
borde de la montaña
alguien camina.

Tras tres graznidos,
entre los eucaliptos,
un cuervo vuela.

Nadie en el pueblo,
dos ancianas se gritan
para escucharse.

Un cuervo grazna.
La perra negra ronca
entre las flores.

A mediodía
sobre el musgo, entre rocas,
un gato duerme.

Domingo, andén,
chirrido de cigarras.
Olor a pino.

Río Napo. Rápidos de Latas, junio de 1985.

La tarde, la brisa.
Cada árbol se mueve distinto.

Nubes que pasan.
¿Cuándo encendieron esa
luz del balcón?

Gotas de lluvia
en la ventana. Una
se lleva a otra.

Noche sin nubes,
un aro de luz
rodea la luna.

Fría mañana.
Entre plantas silvestres,
vapor de orina.

Un bosque antiguo.
Viento y musgo entre los
troncos partidos.

Día soleado.
Anoche llovió. Donde
hay sombra, hay agua.

Bajo la sombra
del limonero, un perro
está ladrando.

Mirando el campo
afuera de su casa,
al sol, la anciana.

Dos mariposas,
la naranja y su sombra
en la pared.

Casas de piedra,
ahora sólo el musgo
cruza las puertas.

Sube las gradas
el perro de diez años.
Sube despacio…

Un gato duerme.
Su pata, entre las rejas,
está colgando.

Árbol de nísperos.
Sobre su bicicleta,
alguien cosecha.

La flor de taxo
en mitad de la calle
está colgando.

En la ventana,
al filo, bajo el sol,
un par de medias.

El pueblo entero
huele a mierda de vaca.
El viento, tibio.

Hierba de cebada,
húmeda por la escarcha,
lava estos pies.

Bajo el tractor
rodea a la gallina un
perro ovejero.

*Aguas arriba por el río Santiago. Mirando perico
ligeros en las enramadas*. Selva Alegre, 1985.

Roca de río:
a veces, sube el agua.
Te cubre entera.

Trepa un arupo
la gata embarazada.
En su lomo, flores.

Rama de arupo:
cuando el mirlo se posa
esta se inclina.

Bosque de pinos.
Detrás de la colina
retumba el mar.

Galápagos, 1985-1986.

Ladera abajo,
cartuchos. La espuma de mar
cubriendo rocas.

La gaviota,
picoteando una tórtola
en la azotea.

Echado al mar,
el puñado de arena
desaparece.

Luna nublada,
una gaviota vuela.
El mar a oscuras.

En media noche
chasquea la estufa
y bulle el agua.

QUITO, CAMINO DE SANTIAGO
2020-2023

ÍNDICE